MARSHALL ROSENBERG

ESPIRITUALIDADE PRÁTICA

Reflexões sobre o fundamento espiritual
da Comunicação Não Violenta

MARSHALL ROSENBERG

ESPIRITUALIDADE PRÁTICA

Reflexões sobre o fundamento espiritual
da Comunicação Não Violenta

Perguntas e respostas com Marshall Rosenberg

Tradução
Tônia Van Acker

Título original: *Practical Spirituality: Reflections on the Spiritual Basis of Nonviolent Communication*
Copyright © 2004 PuddleDancer Press

Grafia segundo o Acordo Ortográfico da Língua Portuguesa de 1990, que entrou em vigor no Brasil em 2009.

Coordenação editorial: Lia Diskin
Revisão técnica: Silvio de Melo Barros
Revisão de provas: Rejane Moura
Capa: Jonas Gonçalvez
Projeto gráfico e diagramação: Tony Rodrigues

Dados Internacionais de Catalogação na Publicação (CIP)
(Câmara Brasileira do Livro, SP, Brasil)

Rosenberg, Marshall
    Espiritualidade prática: reflexões sobre o fundamento espiritual da Comunicação Não Violenta / Marshall Rosenberg ; tradução Tônia Van Acker. – 1. ed. – São Paulo : Palas Athena, 2021.

Título original: Practical Spirituality: Reflections on the Spiritual Basis of Nonviolent Communication

ISBN 978-65-86864-14-4

1. Comportamento 2. Espiritualidade I. Título.

21-61031   CDD-133.9

Índices para catálogo sistemático:
1. Administração de conflitos : Sociologia   303.69

1ª edição, setembro de 2021

Todos os direitos reservados e protegidos
pela Lei 9610 de 19 de fevereiro de 1998.

É proibida a reprodução total ou parcial, por quaisquer meios, sem a autorização prévia, por escrito, da Editora.

Direitos adquiridos para a língua portuguesa por Palas Athena Editora
Alameda Lorena, 355 – Jardim Paulista
01424-001 – São Paulo, SP – Brasil
Fone (11) 3050-6188
www.palasathena.org.br
editora@palasathena.org.br

SUMÁRIO

ESPIRITUALIDADE PRÁTICA 1

Como nos ligamos ao Divino através da Comunicação Não Violenta? 2

O que Deus significa para você? 3

Qual é seu modo preferido de conhecer a Bem-Amada Energia Divina? 3

Que crenças, ensinamentos ou textos religiosos tiveram
maior influência sobre você? 3

Será que a influência da espiritualidade não promove a passividade,
ou um efeito do tipo "ópio do povo"? 4

A Comunicação Não Violenta evoluiu a partir
de bases espirituais? 5

O que você quer dizer com "dar de si"? 6

Então a CNV surgiu de sua vontade de manifestar o amor? 7

Como evitar que o ego interfira na conexão com Deus? 9

Então você acha que a linguagem da nossa cultura nos impede
de conhecer mais intimamente nossa Energia Divina? 9

É esta a base espiritual da Comunicação Não Violenta? 11

A falta de conexão com a Energia Divina é a responsável
pela violência no mundo? 11

Como superar esse condicionamento? 13

Esta conexão com os outros se consegue conhecendo a Deus? 14

Como exatamente acontece essa conexão com a
Energia Divina e com as outras pessoas? 15

Como expressar o que está vivo em nós? 15

Você está sugerindo que o fato de dizer aos outros
o que estamos sentindo é o suficiente? 17

O que impede as pessoas de dizerem do que precisam? 18

Qual é o próximo passo depois dos sentimentos e necessidades?....... 19

O que nos impede de fazer esta conexão com a
Vida que pulsa no outro?... 20

Você poderia dar um exemplo de como fazer uma conexão
empática com alguém?.. 22

Como fazer um pedido como solicitação, sem que soe como
uma exigência?... 24

E a disciplina? O que você acaba de dizer dá a impressão
de permissividade 25

Como saber se eu me conectei com o que está vivo na outra pessoa?.... 27

Você poderia dar outro exemplo de como usa este
processo para se conectar aos outros?.. 27

O processo de entrar em contato com a Energia Divina nos
outros através da CNV parece bem claro no papel, mas será
que não é difícil viver segundo este princípio na vida real?................. 29

Como conseguir que inimigos reconheçam o Divino um no outro?...... 31

Quão profunda é nossa necessidade de colaborar com os outros?...... 32

Você encontrou barreiras culturais ou de linguagem para
esse processo?... 33

Você acredita que uma prática espiritual é importante para
praticar a não violência?... 34

Você foi influenciado por movimentos sociais do passado que
tentaram fazer a ponte entre a espiritualidade e a transformação
social, como aqueles liderados por Gandhi e Martin Luther King?........ 34

APÊNDICE

Os quatro componentes da CNV.. 37

Lista de alguns sentimentos universais... 38

Lista de algumas necessidades universais...................................... 38

Sobre a Comunicação Não Violenta... 39

Sobre o Center for Nonviolent Communication............................... 41

Sobre o autor... 43

ESPIRITUALIDADE PRÁTICA

SEMPRE que Marshall Rosenberg fala sobre crenças muito profundas – sobre espiritualidade, Deus, sua visão do amor – dois temas sempre emergem: 1) nossa maior alegria brota do ato de conectar-se à Vida contribuindo para o nosso próprio bem-estar e o dos outros, e 2) espiritualidade e amor têm muito mais a ver com nossas ações do que com sentimentos. É comum perguntarem a Marshall como chegou a essas conclusões, como ele se relaciona com as crenças religiosas dos outros e qual o significado destas percepções no tocante à prática da Comunicação Não Violenta.

A seguir reunimos respostas dadas por Marshall espontaneamente, respondendo a perguntas de entrevistadores e participantes de seminários que tocam questões ligadas à espiritualidade, ao conceito do Sagrado, às bases espirituais da CNV, e à aplicação dos valores da CNV na transformação da sociedade.

Pergunta: Como nos ligamos ao Divino através da Comunicação Não Violenta?

Resposta: Acho importante que as pessoas entendam que a espiritualidade está nos fundamentos da Comunicação Não Violenta, e que aprendam a dinâmica do processo da CNV tendo isso em mente. Na verdade, a CNV é uma prática espiritual que eu gostaria de apresentar como um modo de vida. Não costumo salientar esse aspecto, não obstante, as pessoas ficam seduzidas pela prática. Mesmo que pratiquem a CNV como uma técnica, mecanicamente, começam a vivenciar coisas no contexto de seu relacionamento com os outros que não experimentavam antes. Por essa razão, em algum momento, acabam chegando à espiritualidade do processo. Passam a enxergar que é mais do que um método de comunicação e percebem que, na verdade, é uma tentativa de manifestar a espiritualidade humana. Procurei incorporar os aspectos espirituais do ser humano à prática da CNV porque tinha necessidade de não destruir a beleza da espiritualidade filosofando abstratamente sobre ela.

Para criar um mundo onde eu gostaria de viver será necessário operar mudanças sociais bastante significativas, mas, provavelmente, as transformações que desejo não acontecerão sem que as pessoas que lutam por elas o façam a partir de uma espiritualidade diferente daquela que nos fez desembocar nos problemas que enfrentamos hoje. Por isso, meu curso de CNV é concebido para ajudar as pessoas a terem certeza de que a espiritualidade que as orienta foi escolhida livremente por elas e lhes é própria – diferente daquela que internalizaram através da cultura. As pessoas precisam ter a certeza de que estão criando mudanças sociais a partir da energia de uma espiritualidade genuinamente sua.

P: O que Deus significa para você?

R: Tenho a necessidade de pensar em Deus de um modo que funcione para mim – através de outras palavras ou modos de olhar para esta beleza, esta poderosa energia – por isso, meu nome para Deus é "Bem-Amada Energia Divina". Durante algum tempo, eu a chamava simplesmente de Energia Divina, mas quando comecei a ler um pouco sobre as religiões orientais, a apreciar os poetas orientais, fiquei encantado com sua maneira de descrever a conexão amorosa e pessoal que tinham com aquela Energia. Senti que era enriquecedor para minha vida chamá-la de Bem-Amada Energia Divina. Para mim, ela é a Vida, é a ligação com a Vida.

P: Qual é seu modo preferido de conhecer a Bem-Amada Energia Divina?

R: É através de um modo especial de estabelecer a ligação com outros seres humanos. Conheço a Bem-Amada Energia Divina conectando-me às pessoas de uma determinada maneira. Ao fazê-lo, não apenas vejo a Energia Divina, mas eu a saboreio, sinto e me identifico com a Energia Divina. Estou ligado à Bem-Amada Energia Divina quando me conecto aos seres humanos desse modo. Nessas ocasiões, Deus está muito vivo para mim.

P: Que crenças, ensinamentos ou textos religiosos tiveram maior influência sobre você?

R: É difícil dizer qual das muitas religiões do planeta me causou o maior impacto. Talvez o budismo. Gosto muito do modo como compreendo o que o Buda disse, ou o que as pessoas que citaram o Buda disseram. Por exemplo, o Buda deixou muito claro: Não fique viciado em suas próprias estratégias, seus pedidos, seus desejos. Esta é uma parte muito importante do aprendizado da CNV: não confundir necessidades humanas reais com as estratégias que nossa educação nos ensinou para conseguir atender a essas necessidades. Portanto, é preciso ter cuidado para não confundir estratégias com necessidades. Por exemplo, não precisamos de um carro novo. Algumas pessoas compram um carro novo para satisfazer sua necessidade de respeitabilidade ou paz de espírito – mas é preciso ter cuidado, pois a sociedade pode nos fazer acreditar que de fato precisamos do carro novo. Essa parte da CNV está muito alinhada à visão do Buda.

Boa parte das religiões e mitologias que estudei transmite uma mensagem semelhante. Este é um ensinamento que Joseph Campbell, o estudioso dos mitos, resume numa de suas obras: **"Não faça nada que não traga contentamento"**. Contentamento significa contribuir voluntariamente para a Vida. Portanto, não faça algo para evitar uma punição; não faça algo pela recompensa; não faça algo por culpa, vergonha ou pelos conceitos vis de dever e obrigação. Tudo que você fizer será contentamento se conseguir perceber que seu ato enriquece a Vida. Vejo esta mesma mensagem não apenas nos ensinamentos do Buda, mas também naquilo que aprendi sobre islamismo, cristianismo e judaísmo. Creio que esta seja uma manifestação natural. Faça aquilo que contribui para a Vida.

P: Será que a influência da espiritualidade não promove a passividade, ou um efeito do tipo "ópio do povo"?

R: Fico muito preocupado com qualquer espiritualidade que nos permita ficar sentados confortavelmente no mundo pensando: "Estou ajudando o mundo; a energia que emana de mim está ajudando a mudar a sociedade". Por outro lado, confio na espiritualidade que leva as pessoas a colocarem a mão na massa e transformarem o mundo, ao invés de ficarem apenas sentadas imaginando lindas imagens de energia radiante. Gostaria de ver essa energia refletida nas ações das pessoas – quando elas saem lá fora e fazem as coisas acontecerem. A se manifesta em ações.

P: A Comunicação Não Violenta evoluiu a partir de bases espirituais?

R: A Comunicação Não Violenta evoluiu a partir da minha tentativa de ganhar consciência da Bem-Amada Energia Divina e do meu esforço para me ligar a ela. Eu estava insatisfeito com o que encontrei dentro da minha profissão, minha vocação, pois a psicologia clínica se fundava, e se baseia ainda, em boa parte nas patologias, e eu não gostava desse vocabulário. A psicologia não me passava uma visão da beleza do ser humano. Portanto, depois de me formar, decidi ir mais fundo na direção apontada por Carl Rogers e Abraham Maslow.

Resolvi colocar para mim mesmo aquelas perguntas assustadoras: O que somos e para que estamos aqui neste mundo? Descobri muito pouco a esse respeito nos textos de psicologia. Então, fiz um curso intensivo de Religiões Comparadas, pois percebi que as tradições religiosas se ocupavam mais dessa questão. A palavra "amor" apareceu repetidamente em todas as religiões que estudei.

Eu costumava ouvir a palavra amor como a maioria está acostumada a empregar o termo no contexto religioso, como se vê na afirmação: "Devemos amar a todos". Ficava muito irritado com aquela palavra "amor". Será possível? Será que eu tenho que amar a Hitler? Naquele tempo, não conhecia a expressão "bobagens Nova Era", mas rotulava esses ensinamentos usando uma frase equivalente. Procurei compreender melhor o sentido do amor, pois percebi que tinha enorme significação para todas as religiões. Afinal, o que é o "amor" e como ele "acontece"?

A Comunicação Não Violenta de fato surgiu da minha tentativa de compreender o conceito de amor e como manifestá-lo, como transformá-lo em ação. Cheguei à conclusão de que não é um mero sentimento, mas algo que manifestamos, algo que fazemos, algo que possuímos. E como o fazemos? Dando de si de uma determinada maneira.

P: O que você quer dizer com "dar de si"?

R: Para mim, "dar de si" é expressar honestamente o que está vivo dentro de mim em determinado momento. É curioso que em todas as culturas as pessoas se saúdam perguntando: "Como vai?". Nem sempre se empregam estas palavras. Em inglês se diz *"How are you?"*; em espanhol se diz *"¿Como estás?"*; em francês *"Comment allez-vous?"*; em alemão *"Wie geht es Dir?"*. Dizemos isso como um ritual social, mas é uma pergunta muito relevante, pois se queremos viver em paz e harmonia, se queremos sentir contentamento em contribuir com o bem-estar uns dos outros, precisamos saber o que se passa dentro daquela pessoa que está diante de nós. É uma pergunta da maior importância. É um grande dom poder saber a qualquer momento o que está vivo dentro de um outro ser humano!

Dar de si é manifestar amor. É um dom quando você se revela de modo honesto e franco, em qualquer dado momento, sem nenhum outro propósito senão o de mostrar o que vai por dentro de seu íntimo. Não para culpar, criticar ou punir. Simplesmente: "Aqui estou, e isto é o que eu gostaria. Esta é a minha vulnerabilidade neste momento". Para mim, isto é manifestar amor.

O outro modo como você pode "dar de si" é através da recepção que oferece à mensagem que vem do outro. Dar de si é recebê-la com empatia, estabelecer uma conexão com aquilo que está vivo dentro do outro, sem julgar. Apenas ouvir o que vai no íntimo do outro e o que ele deseja. Portanto, a Comunicação Não Violenta é apenas a manifestação daquilo que entendo por amor. Nesse sentido, assemelha-se às ideias judaico-cristãs de "Amar ao próximo como a si mesmo" e "Não julgueis para não serdes julgados".

P: Então a CNV surgiu de sua vontade de manifestar o amor?

R: Houve, é claro, outras contribuições vindas da pesquisa empírica no campo da psicologia, que definiram as características de um relacionamento saudável mediante o estudo de pessoas que eram manifestações vivas de amorosidade. A partir dessas fontes eu articulei um processo que me ajudou a estabelecer a conexão com as pessoas de um modo amoroso, na minha acepção do termo.

Observei o que acontecia quando conseguia me conectar com os outros dessa maneira. Esta beleza, este poder, estabeleceu a conexão com uma energia que decidi chamar de Bem-Amada Energia Divina. Portanto, a Comunicação Não Violenta me ajuda a manter a conexão com esta bela energia dentro de mim mesmo, e me ajuda a estabelecer a ligação com os outros. Certamente, quando conecto a Energia Divina dentro de mim com a Energia Divina nos outros, o resultado é uma experiência que me permite vislumbrar como seria estar ligado a Deus.

Vale lembrar que o principal objetivo da Comunicação Não Violenta é estabelecer uma conexão com as outras pessoas – e, portanto, com a Energia Divina – de tal modo que consigamos dar compassivamente. Estou falando de um ato de dar que brota voluntariamente do coração, onde estamos servindo a nós mesmos e aos outros, não por dever, obrigação, medo de punição ou esperança de recompensa, culpa ou vergonha, mas por aquilo que considero ser a nossa natureza: desfrutar do ato de dar e receber mutuamente. Na Comunicação Não Violenta procuramos nos conectar uns com os outros de tal modo que a nossa natureza tenha espaço para se manifestar. Quando digo que, na minha visão, nossa natureza nos leva a ter prazer em dar de si, algumas pessoas podem imaginar que sou um pouco ingênuo e inconsciente de toda a violência que existe neste mundo. Como posso acreditar que a nossa natureza se compraz em dar compassivamente em vista de tudo que está acontecendo no planeta? Infelizmente, eu vejo a violência, sim. Trabalho em lugares como Ruanda, Israel, Palestina, Sri Lanka, e estou bem ciente de toda a violência que acontece no mundo; mas não creio que esta seja a nossa natureza.

Em todos os lugares por onde passo, pergunto às pessoas o seguinte: "Pense em algo que tenha feito nas últimas 24 horas e que tenha melhorado a vida de alguém". Quando elas se lembram de algo, eu digo: "E como você se sente quando vê que seu ato contribuiu para que a vida de alguém seja mais encantadora?". Nesse instante um grande sorriso desponta no rosto das pessoas. Quando tomamos consciência do poder que temos para tornar a vida melhor, experimentamos uma sensação boa. Dá uma sensação ótima servir à Vida. Depois eu pergunto às pessoas: "Alguém consegue pensar em algo que traga uma sensação de realização maior do que empregar seus esforços dessa maneira?". Já perguntei isso em todas as partes do planeta e me parece que todos estão de acordo. Não há nada melhor, mais satisfatório, nada mais prazeroso do que investir nossos esforços em servir à Vida, contribuir para o bem-estar do outro.

P: Como evitar que o ego interfira na conexão com Deus?
R: Evito isso ao perceber o ego como algo muito ligado ao modo como minha cultura me ensinou a pensar, e a me comunicar. Ao ver que a cultura nos treinou a atender nossas necessidades de certa maneira, a confundir as necessidades com as estratégias que escolho para atendê-las. Procure estar consciente dessas três maneiras que a cultura nos programou a fazer as coisas, e perceba que elas não atendem aos seus interesses. Funcionar a partir do ego ao invés de a partir da conexão com a Energia Divina vai contra nossos interesses. No meu caso, procurei descobrir jeitos de treinar a mim mesmo para tomar consciência desse modo de pensar aprendido culturalmente, e incorporei isto à Comunicação Não Violenta.

P: Então você acha que a linguagem da nossa cultura nos impede de conhecer mais intimamente nossa Energia Divina?
R: Sem dúvida alguma. Acredito que nossa linguagem dificulta muito essa tarefa. Principalmente a linguagem que nos foi transmitida pelo treinamento cultural que a maioria de nós recebeu, e as associações que a palavra Deus suscita

para muitas pessoas. Ao longo da formação em Comunicação Não Violenta, uma das coisas mais difíceis de superar é justamente o pensamento em termos de julgamentos certo/ errado. Todas as pessoas com quem trabalhei frequentaram escolas e igrejas e, quando gostam da CNV, é fácil dizer que encontraram o "caminho certo" para se comunicarem. Logo chegam à conclusão de que a CNV é seu objetivo.

Fiz a adaptação de uma parábola budista que se aplica a essa questão. Imagine um espaço sagrado, íntegro, lindo. Imagine que dentro desse espaço você realmente conseguirá conhecer a Deus. Digamos que há um rio separando você desse espaço sagrado. Mas você consegue um bote e ele é uma ferramenta muito útil para chegar ao outro lado do rio. Ao chegar à outra margem, você precisa apenas andar alguns quilômetros até aquele belo local sagrado. Mas a parábola budista acaba dizendo: "É um tolo aquele que continua carregando o bote nas costas".

A Comunicação Não Violenta é uma ferramenta para superar o condicionamento cultural e conseguir chegar ao local sagrado. Se ficarmos viciados no bote, apegados ao bote, ele dificultará a caminhada até o local sagrado. As pessoas que acabam de aprender o processo da CNV às vezes se esquecem totalmente do espaço sagrado. Se ficarem muito presas ao bote, o processo se torna mecânico.

A Comunicação Não Violenta é uma das ferramentas mais potentes que encontrei para estabelecer com as pessoas aquela conexão que nos ajuda a fazer a ligação com o Divino, com o espaço onde aquilo que fazemos uns para os outros surge da Energia Divina. Este é o espaço aonde queremos chegar.

P: É esta a base espiritual da Comunicação Não Violenta?

R: Para mim, a base espiritual da CNV é a tentativa de me conectar com a Energia Divina nos outros, e estabelecer a ligação deles com o Divino em mim, pois acredito que quando estamos realmente conectados com a divindade interior de cada um e em nós mesmos, as pessoas começam a desfrutar do ato de contribuir para o bem-estar uns dos outros, mais do que qualquer outra coisa. Portanto, para mim, se estivermos ligados ao divino em nós mesmos e nos outros, desfrutaremos dos acontecimentos. Esta é a base espiritual da CNV. Nesse espaço de encontro, a violência é impossível.

P: A falta de conexão com a Energia Divina é a responsável pela violência no mundo?

R: Eu colocaria da seguinte maneira: Recebemos o dom da liberdade de escolha para criarmos o mundo que desejamos. Este planeta enorme e abundante nos foi dado para nele criarmos um mundo de felicidade e cuidado mútuo. Na minha visão, a violência acontece quando nos alienamos ou nos desconectamos dessa Energia.

Como fazer a conexão quando fomos educados para a desconexão? Acredito que foi nosso condicionamento cultural e nossa educação que nos desconectou de Deus – em especial aquilo que aprendemos sobre Deus. Penso que **a violência nasce do modo como fomos educados, e não da nossa natureza.** Segundo o teólogo Walter Wink, há cerca de 8 mil anos temos sido educados para que a violência nos pareça agradável, e isso nos desconecta da nossa natureza compassiva. Por que fomos educados dessa maneira? Esta é uma longa história, e não entrarei em detalhes aqui, mas direi apenas que começou na mitologia, com mitos muito antigos sobre a natureza humana, mitos que nos levaram a acreditar que a natureza humana é má, egoísta, e que o bom da vida se manifesta quando forças heroicas destroem o mal. Wink escreve sobre as culturas de dominação e como elas usam certos ensinamentos sobre Deus para manter a opressão. Por isso vemos uma parceria constante entre os reis e o clero. Os reis precisavam do clero para justificar a opressão, para interpretar as escrituras sagradas de tal forma a justificar a punição, a dominação e tudo o mais.

Ou seja, temos vivido sob uma mitologia destrutiva há muito tempo, e ela se caracteriza por determinada linguagem. Essa mitologia requer uma linguagem que desumaniza as pessoas e as transforma em objetos. Por essa razão, fomos ensinados a pensar em termos de julgamentos moralistas em relação a nós mesmos e aos outros. Há certas palavras gravadas na nossa consciência, por exemplo: certo, errado, bom, mau, egoísta, altruísta, terrorista, subversivo. A estas palavras estão associadas ideias de justiça baseada no merecimento – se você fizer uma dessas coisas erradas você merece ser punido. Se você fizer uma das coisas boas então merece uma recompensa. Infelizmente, há mais de 8 mil anos estivemos sujeitos a essa mentalidade. Acredito que este é o cerne da violência no nosso planeta. Uma educação equivocada. O processo da Comunicação Não Violenta é uma integração de pensamento, linguagem e comunicação que, a meu ver, nos aproxima de nossa natureza. Ele nos ajuda fazer a ligação com os outros para podermos recuperar um modo alegre de viver, ou seja, viver contribuindo para o bem-estar mútuo.

P: Como superar esse condicionamento?

R: Muitas vezes me encontro em meio a pessoas que vivenciam intensa dor. Eu me lembro quando trabalhei com 20 sérvios e 20 croatas. As famílias de alguns ali tinham sido dizimadas pelas pessoas do outro lado da mesa, e todos vinham sendo envenenados por pensamentos transmitidos de geração em geração fomentando a inimizade entre os dois grupos. Eles passaram três dias expressando seu ódio e dor um para o outro. Felizmente, tínhamos sete dias para conversar.

Uma palavra que ainda não utilizei para falar sobre o poder da CNV é inevitabilidade. Incontáveis vezes vi que, não importa o que tenha acontecido, se as pessoas se conectarem desse modo específico, é inevitável que acabem sentindo prazer em dar de si para o outro. É inevitável. Para mim, meu trabalho é como assistir a um show de mágica. É bonito demais para descrever em palavras.

No entanto, às vezes a Energia Divina não funciona tão rápido quanto eu gostaria. Eu me lembro de ficar sentando ali em meio a todo esse ódio e sofrimento e pensar: "Energia Divina, se você pode curar todo esse sofrimento, por que está demorando tanto, por que estas pessoas têm que passar por tudo isso?". E a Energia falou comigo dizendo: "Apenas faça o que puder para estabelecer a ligação. Traga a sua energia para o processo. Conecte-se e ajude os outros a se conectarem, e eu cuido do resto". Mas enquanto esses pensamentos se desdobravam em uma parte da minha mente, eu sabia que a alegria seria inevitável se eu conseguisse continuar me conectando à minha Energia Divina e à dos outros.

E aconteceu com grande beleza. No último dia todos conversavam sobre a alegria. Muitos deles disseram:

"Pensei que nunca mais na minha vida eu sentiria alegria depois de tudo que passamos". Isso era o que todos estavam comentando. Foi assim que naquela noite 20 sérvios e 20 croatas, que 7 dias atrás só sentiam uma dor inimaginável uns em relação aos outros, dançaram as danças dos outros, cantaram as canções dos outros e celebraram a alegria de viver em comunhão.

P: Esta conexão com os outros se consegue conhecendo a Deus?

R: Convém evitar as racionalizações intelectuais a respeito de Deus. Se por "conhecer a Deus" você quer dizer estabelecer uma conexão íntima com a Bem-Amada Energia Divina, nesse caso, a cada segundo se consegue ter uma experiência do céu.

O céu que eu consigo obter ao conhecer a Deus é a inevitabilidade do processo; saber que é inevitável que, não importa o inferno que estiver acontecendo, se conseguirmos chegar a esse nível de conexão mútua, se entrarmos em contato com a Energia Divina um do outro, é inevitável que sentiremos prazer ao nos doarmos, e estaremos dando algo de nós mesmos à Vida. Já passei por coisas tão horríveis com as pessoas, que já não me preocupo mais. É inevitável. Quando se chega a esse nível de conexão, ela sempre nos leva a algo muito bom.

Fico sempre espantando com a eficácia desse processo. Eu poderia contar a você exemplos similares que vivi com extremistas israelenses, tanto na política quanto na religião, e o mesmo do lado dos palestinos. Também entre hutus e tutsis em Ruanda. Entre tribos cristãs e muçulmanas na Nigéria. Em todas estas situações fiquei surpreso como foi fácil fazer emergir a reconciliação e restabelecer o relacionamento.

É sempre a mesma coisa. Precisamos apenas que cada um se conecte às necessidades do outro. Para mim, as necessidades são o meio mais rápido, mais direto para garantir a conexão com a Energia Divina. Todos têm as mesmas necessidades. Elas existem porque estamos vivos.

P: Como exatamente acontece essa conexão com a Energia Divina e com as outras pessoas?
R: Esse processo tem duas partes. A primeira é aprender a se expressar através da linguagem da Vida. A outra metade do processo é saber como responder às mensagens dos outros. Na Comunicação Não Violenta, tentamos manter a atenção focada em responder a duas indagações: **O que está vivo em mim? O que podemos fazer para tornar a vida uma experiência mais encantadora?**

A primeira pergunta, "O que está vivo em mim?", ou "O que está vivo em você?", é precisamente o que todas as pessoas do planeta se perguntam quando encontram umas com as outras: Como você está?

Infelizmente, embora a maioria faça essa pergunta, muito poucos estão preparados para responder de modo relevante porque não aprenderam a linguagem da Vida. Ninguém nos ensinou a responder a essa pergunta. Nós sempre perguntamos, mas não sabemos responder. Como veremos, a Comunicação Não Violenta sugere um modo de expressar o que está vivo em nós. E nos mostra como fazer a conexão com o que está vivo nos outros, mesmo que eles não saibam traduzir isso em palavras.

P: Como expressar o que está vivo em nós?
R: É preciso ter sido "alfabetizado" em três níveis.

Em primeiro lugar, é preciso saber responder à questão "O que está vivo em mim?" sem permitir a intromissão de qualquer tipo de avaliação. Isto começa com o que chamo de **observação**. Qual é a coisa que os outros **fizeram**, e que eu gostei, ou não gostei? Esta é a informação importante a comunicar. Para dizer à outra pessoa o que está vivo em nós, precisamos descrever aquilo que elas fizeram e que alimenta a Vida em nós; e **também** aquilo que não está contribuindo para a nossa vida. No entanto, é da maior importância aprender como dizer isso sem misturar avaliações. Este é o primeiro passo para comunicar aos outros o que está vivo em nós – conseguir levar a atenção deles, de modo concreto e específico, àquilo que estão fazendo e que nós gostamos ou não gostamos – mas sem incluir quaisquer avaliações.

Tendo em mente aquilo que a outra pessoa fez, a Comunicação Não Violenta requer que sejamos honestos ao comunicar isso. Contudo, a franqueza recomendável não é dizer aos outros o que está errado com eles. É desejável ter a candura que nasce no coração, não a franqueza que aponta erros a partir de julgamentos intelectuais. Minha recomendação é entrar em si mesmo e descobrir o que acontece no nosso íntimo quando o outro faz aquilo, e depois dizer a ele. Isso exige as duas outras alfabetizações que mencionei. **Para expressar com clareza aquilo que está vivo em nós em qualquer momento dado, é preciso ter clareza sobre o que sentimos e precisamos.** Comecemos pelos sentimentos.

Sentimentos surgem o tempo todo. O problema é que não aprendemos a tomar consciência daquilo que está se passando no nosso interior. Nossa consciência foi orientada a olhar para fora, a reparar no que as autoridades pensam de nós.

Dependendo da cultura na qual nos criamos, expressamos de modo distinto nossos sentimentos, mas é importante ter um vocabulário de sentimentos que realmente descreva o que está acontecendo no nosso íntimo, sem incluir interpretações sobre as outras pessoas. Por isso, não convém usar palavras como "incompreendido", pois este não é um sentimento, é mais uma análise indicando que o outro não me compreendeu. Se nos julgamos incompreendidos, pode ser que isso provoque em nós raiva, frustração, ou outros sentimentos. Da mesma forma, não convém usar palavras como "manipulado" ou "criticado". Estes não são sentimentos segundo nossa metodologia. Infelizmente, muito poucas pessoas dominam um vocabulário amplo de sentimentos, e percebi, ao longo dos anos de trabalho, que o preço a pagar por esse tipo de analfabetismo é bastante alto.

Reflita se o que você vai dizer é realmente expressão de algo que está vivo no seu íntimo, de seus sentimentos. Tenha certeza de que não é um pensamento-diagnóstico a respeito da outra pessoa. Vá fundo dentro do seu coração. O que você sente quando a outra pessoa faz aquilo?

(Nota do Editor: Para ampliação do vocabulário de sentimentos e necessidades, ver *Nonviolent Communication: A Language of Life* [*Comunicação Não Violenta*], de Marshall Rosenberg.)

P: Você está sugerindo que o fato de dizer aos outros o que estamos sentindo é o suficiente?

R: De modo algum. Os sentimentos podem ser utilizados de modo destrutivo se tentarmos dar a entender que o comportamento da outra pessoa é a causa do que estamos sentindo. **A causa dos nossos sentimentos são as nossas necessidades, não o comportamento dos outros.** E este é justamente o terceiro componente da expressão do que está vivo em nós: as **necessidades**. Ligar-se ao que está vivo em nós é estabelecer o elo com nossa Energia Divina.

Quando eu tinha seis anos de idade, no meu bairro, se alguém nos xingava, costumávamos retrucar: "Paus e pedras podem quebrar meus ossos, mas palavras não me ferem". Já sabíamos que **o sofrimento não vem do que os outros fazem, mas da nossa atitude em relação àquilo**. Entretanto, aprendemos a induzir culpa nos outros observando o exemplo de autoridades, professores e pais. Eles usaram a culpa para nos mobilizar a fazer o que eles queriam. Expressavam sentimentos da seguinte maneira: "Você me deixa magoado quando não arruma seu quarto"; "Fico com raiva quando você bate no seu irmão". Fomos educados por pessoas que tentavam nos fazer sentir responsáveis por seus sentimentos, para que nós nos sentíssemos culpados. Os sentimentos são importantes, mas não é vantajoso usá-los dessa maneira. Não compensa usá-los para induzir os outros a sentirem culpa. É da maior importância expressar nossos sentimentos e em seguida afirmar de modo claro que **a causa desses sentimentos é uma necessidade nossa**.

P: O que impede as pessoas de dizerem do que precisam?

R: Assim como é difícil para muitos adquirir um vocabulário de sentimentos, também não é fácil se alfabetizar quanto às necessidades humanas. Muitas pessoas têm associações muito negativas no tocante a necessidades. Elas relacionam a ideia de necessidade com pobreza, dependência ou egoísmo. Novamente, me parece que isso vem da nossa tradição de educar as pessoas para que se encaixem nas estruturas de dominação e sejam obedientes e submissas diante das autoridades. Pense bem. Para ser um bom escravo você não pode estar em contato com suas necessidades. Minha vida escolar se estendeu por 21 anos, e não tenho qualquer lembrança de jamais terem me perguntado sobre minhas necessidades. Minha educação não teve como meta colaborar para que eu estivesse mais plenamente vivo, mais em contato comigo mesmo e com os outros. Meus professores estavam orientados a me recompensar por dar as respostas corretas segundo a definição das autoridades. Observem as palavras que usamos para descrever nossas necessidades. Elas não fazem referência a uma pessoa ou a ações específicas. As necessidades são universais. Todos os seres humanos têm as mesmas necessidades.

Quando nos ligamos aos outros no nível das necessidades, quando enxergamos nossa condição humana comum, é incrível como os conflitos que pareciam insolúveis se resolvem. Trabalho muito com pessoas em conflito. Maridos e esposas, pais e filhos, diferentes tribos. Muitas dessas pessoas pensam que estão num conflito insolúvel. Ao longo dos anos em que trabalhei com resolução de conflitos e mediação foi fantástico ver o que acontece quando reunimos essas pessoas – para além do diagnóstico que têm umas das outras, no nível das necessidades – e elas se conectam com aquilo que está acontecendo dentro do outro. Os conflitos que pareciam impossíveis de resolver aparentemente se resolvem sozinhos.

P: Qual é o próximo passo depois dos sentimentos e necessidades?

R: Neste ponto já expressamos as três informações necessárias para responder à pergunta: O que está vivo em mim? Descrevemos nossa observação, o que estamos sentindo e que necessidades nossas geraram esses sentimentos.

Isso nos leva à segunda pergunta, que está relacionada à primeira. O que você pode fazer para tornar a vida mais encantadora para mim? O que eu posso fazer para tornar a sua vida mais plena? Esta é a segunda metade do processo de conexão com a Energia Divina em nós: como fazer a conexão empática com o que está vivo no outro para que a vida dele seja mais rica. Permita-me explicar o que quero dizer com conexão empática. A empatia, como sabemos, é um tipo especial de compreensão. Não se trata de um entendimento racional, em que a nossa mente compreende o que o outro disse. É algo mais profundo e mais precioso. A conexão empática é uma compreensão emocional que nos permite ver a beleza na outra pessoa, a Energia Divina na outra pessoa, a Vida que está pulsando dentro dela. Não a compreendemos mentalmente, nós nos ligamos a ela. Não significa sentir o que o outro sente. Isso seria ter pena – sentir-se mal porque o outro está triste. Empatia não é sentir o que o outro sente, significa que estamos ali **junto daquela outra pessoa**.

Essa qualidade de compreensão exige um dos dons mais preciosos que um ser humano pode dar a outro: nossa presença naquele momento. Se dentro de nossa mente estivermos tentando compreender o outro, não estaremos presentes, junto, naquele momento. Estaremos sentados ali analisando o outro, mas não com ele. Portanto, a conexão empática **é conectar-se com o que está vivo na outra pessoa naquele momento**.

P: O que nos impede de fazer esta conexão com a Vida que pulsa no outro?

R: Fomos educados para pensar que há algo de errado em nós. Gostaria de sugerir que você nunca, nunca, nunca escute o que os outros pensam de você. Você viverá mais tempo e desfrutará melhor da vida se jamais escutar a opinião dos outros sobre você. Jamais leve para o lado pessoal. Minha recomendação é que você aprenda a se conectar empaticamente com qualquer mensagem que os outros dirigirem a você. A Comunicação Não Violenta nos ensina como fazer isso. Ela nos mostra como enxergar a beleza do outro em qualquer momento dado, não importa qual seja a linguagem ou o comportamento do outro. Para tanto, precisamos nos conectar aos sentimentos e necessidades da outra pessoa naquele momento, com aquilo que está vivo dentro dela. Se fizermos isso, ouviremos a outra pessoa como se ela estivesse cantando uma bela canção.

Certa vez trabalhei com uma turma de crianças de 12 anos de idade numa escola em Washington, e mostrei a eles como fazer uma conexão empática com os outros. Eles queriam que eu os ensinasse a lidar com pais e professores. Tinham medo do que aconteceria se se abrissem e dissessem o que estava vivo dentro deles. Um deles me disse: "Marshall, fui honesto com um dos meus professores e disse que não estava compreendendo, pedi para ela explicar de novo. Ela me disse 'Você não estava me escutando? Já expliquei duas vezes!'. Ontem pedi uma coisa ao meu pai e tentei explicar minhas necessidades, mas ele disse: 'Você é a criança mais egoísta da família'". Eles estavam ansiosos para que eu explicasse como se conectar empaticamente com as pessoas próximas que usam esse tipo de linguagem. Eles só sabiam levar para o lado pessoal, pensavam que havia algo de errado com eles próprios. Mostrei aos alunos que ao aprender a fazer a conexão empática, sempre ouviriam os outros cantando uma bela canção sobre suas necessidades. É isso que escutamos por trás de cada mensagem que nos é dirigida por um ser humano – se nos conectarmos à Energia Divina dentro daquela pessoa naquele momento.

P: Você poderia dar um exemplo de como fazer uma conexão empática com alguém?

R: Começamos descrevendo o que o outro fez, dizendo como nos sentimos e que necessidade nossa está desatendida. Em seguida, manifestamos o que pode ser feito para que a vida se torne mais encantadora. Esta última parte é apresentada na forma de um pedido claro. Precisamos dizer à outra pessoa o que gostaríamos que ela fizesse para tornar a nossa vida melhor. Já descrevemos o nosso sofrimento no tocante ao comportamento dela, quais necessidades nossas estão desatendidas, e por fim dizemos o que gostaríamos que ela fizesse para tornar nossa vida mais plena.

A Comunicação Não Violenta sugere que façamos nosso pedido usando uma linguagem de ações positivas. Permita-me explicar. Neste caso, positivo significa que dizemos o que queremos que o outro faça – e não o que queremos que ele deixe de fazer. Se formos claros sobre o que queremos ao invés de dizer o que não queremos, é possível chegar a um melhor entrosamento com as pessoas. Um bom exemplo disso me foi dado por uma professora que compareceu a uma das minhas oficinas. Ela disse: "Oh, Marshall, você me ajudou a compreender o que me aconteceu ontem". Perguntei a ela o que tinha acontecido. "Um menino estava tamborilando com o lápis no livro enquanto eu falava com a classe. Pedi a ele para parar de bater o lápis no livro. Ele então começou a bater o lápis na mesa."

Observem que dizer a alguém o que não queremos é muito diferente de dizer o que de fato desejamos. Quando queremos que uma pessoa pare de fazer algo, dá a impressão de que o castigo seria uma estratégia eficaz. Mas se fizéssemos duas perguntas a nós mesmos, jamais puniríamos pessoa alguma. Nunca castigaríamos as crianças. Criaríamos um sistema judiciário e penitenciário que não castiga os criminosos pelo que fizeram, e não tentaríamos punir outros países pelo que estão nos fazendo. A punição é um jogo que só tem perdedores. Enxergaríamos isso se nos fizéssemos as seguintes perguntas: 1) **O que queremos que esta pessoa faça?** Reparem: não o que não queremos que elas façam. O que queremos que esta pessoa faça? Se fizermos apenas esta pergunta, pode parecer que a punição vale a pena às vezes, pois talvez nos lembremos de ocasiões em que usando um castigo conseguimos que alguém fizesse o que queríamos. No entanto, se adicionarmos uma segunda pergunta, veremos que a punição nunca funciona. E qual seria essa segunda pergunta? 2) **Que motivação queremos que a pessoa tenha para fazer aquilo que desejamos?** O propósito da Comunicação Não Violenta é criar conexões para que as pessoas façam as coisas umas pelas outras motivadas pela compaixão, pela conexão com a Energia Divina, e para servir à Vida. Não por medo de punição, esperança de receber uma recompensa, mas para sentir a alegria natural que brota quando contribuímos para o bem-estar mútuo. Portanto, quando fizermos nosso pedido, é recomendável que ele seja de algo positivo, algo que queremos.

P: Como fazer um pedido como solicitação, sem que soe como uma exigência?

R: É preciso fazer pedidos claros e assertivos, mas, além disso, aquele a quem os dirigimos deve ter certeza de que é uma solicitação e não uma exigência. Como diferenciar os dois? Primeiramente, não se consegue reconhecer a diferença pela gentileza da linguagem. Se dissermos a alguém que mora conosco: "Por favor, gostaria que você pendurasse sua roupa no armário quando não for mais usar", isto seria um pedido ou uma exigência? Não sabemos ainda. É impossível saber se se trata de um pedido ou uma exigência pela forma polida ou pela clareza da frase. O que distingue um pedido de uma exigência é o modo como tratamos as pessoas quando elas não fazem o que queremos. Isto é o que permite aos outros saberem se era um pedido ou uma exigência.

O que acontece quando uma pessoa ouve uma exigência? Algumas deixam bem claro qual é sua reação a uma exigência logo de saída. Um dia pedi ao meu filho mais novo: "Por favor, será que você poderia pendurar seu casaco no armário?". E ele respondeu: "Quem era seu escravo antes de eu nascer?". O lado bom é que é fácil conviver com uma pessoa assim, pois se ela ouvir um pedido como exigência você ficará sabendo imediatamente. No entanto, há pessoas que são diferentes. Elas ouvem o pedido como exigência e reagem de outro modo. Elas dizem "Está bem", mas não fazem o que foi solicitado. Mas a pior das hipóteses é quando a pessoa ouve o pedido como exigência, diz "Está bem" e depois faz o que foi solicitado. No entanto, ela o faz porque entendeu como exigência e ficou com medo das consequências caso não obedecesse. Toda vez que alguém faz algo que pedimos por culpa, vergonha, dever, obrigação, ou medo de punição – qualquer coisa que a pessoa faça por esses motivos – certamente pagaremos caro por isso. É desejável que as pessoas façam algo por nós somente quando estão conectados àquela Energia Divina que habita dentro de todos. Para mim, a Energia Divina se manifesta na alegria que sentimos no dar e receber mútuo. É algo que não fazemos para evitar punição, culpa, etc.

P: E a disciplina? O que você acaba de dizer dá a impressão de permissividade.

R: Algumas pessoas acreditam que é impossível pôr ordem na casa e no governo a não ser que se obriguem as pessoas a fazerem as coisas através de exigências. Certa vez, uma mãe que veio a um dos meus cursos me disse: "Mas, Marshall, tudo isso é muito bonito, esperar que as pessoas funcionem a partir da Energia Divina, mas, e as crianças? Quero dizer, primeiro a criança precisa aprender o que ela **tem** de fazer, o que ela **deveria** fazer". Esta mãe usou as duas palavras ou conceitos que considero os mais destrutivos do planeta: "ter que" e "deve". Ela não acreditava que a Energia Divina está nas crianças assim como nos adultos, e que elas farão as coisas; não por medo da punição, mas porque sentem a alegria de contribuir para o bem-estar dos outros.

Respondi àquela mãe: "Espero que hoje eu consiga mostrar a você outras maneiras de apresentar as coisas necessárias a seus filhos, para que sejam vistas como pedidos. Eles enxergam suas necessidades. Eles não fazem isso por achar que é um dever. Eles veem a escolha e reagem a partir da Energia Divina dentro de si". Ela então me disse: "Todos os dias eu faço muitas coisas que detesto fazer, mas tem algumas coisas que a gente simplesmente **tem que** fazer". Então pedi um exemplo. E ela falou: "Certo. Aqui vai. Quando eu voltar para casa hoje à noite, tenho que fazer o jantar. Detesto cozinhar. Odeio cozinhar, mas é uma dessas coisas que a gente tem que fazer. Cozinho todos os dias há 20 anos. Detesto, mas tem certas coisas que é preciso fazer". Esta senhora não cozinhava a partir de sua Energia Divina. Ela o fazia impulsionada por outro tipo de consciência. Portanto, disse a ela: "Bem, espero poder mostrar a você um outro modo de pensar e se comunicar que a ajudará a se reconectar com sua Energia Divina e sempre fazer as coisas exclusivamente a partir dela. Depois você pode apresentar as coisas à sua família de tal forma que eles também façam tudo a partir dessa energia".

Ela era uma daquelas pessoas que aprendem com notável rapidez. Naquela mesma noite ela foi para casa e anunciou aos familiares que não queria mais cozinhar. E eu tive um retorno da família dela. Umas três semanas depois, seus dois filhos mais velhos apareceram no meu curso. Eles vieram falar comigo antes do início das atividades: "Gostaríamos que você soubesse que nossa mãe vem fazendo muitas mudanças na vida dela desde que esteve no seu curso". E eu os incentivei: "Não diga! Estou curioso. Ela me falou sobre as mudanças e gostaria de saber como isso afetou os outros membros da família. Por isso estou muito satisfeito que tenham aparecido aqui hoje. Por exemplo, como foi quando sua mãe chegou em casa e disse que não queria mais cozinhar?". O filho mais velho falou: "Marshall, eu pensei comigo: 'Graças a Deus! Talvez agora ela pare de reclamar todo santo dia depois de cada refeição'".

P: Como saber se eu me conectei com o que está vivo na outra pessoa?

R: Quando fazemos algo que não partiu desta Energia Divina que está dentro de cada um de nós – a energia que torna natural o ato de dar compassivamente; quando agimos motivados por algum padrão cultural aprendido; quando fazemos algo porque deveríamos, devemos, somos obrigados, por culpa, vergonha, para conseguir uma recompensa ou evitar uma punição – **todos pagam por isso**. Todos. A Comunicação Não Violenta recomenda que sejamos transparentes, que não façamos nada a não ser motivados pela Energia Divina. E você saberá reconhecer, porque terá vontade de fazer o que está sendo solicitado. Mesmo que seja um trabalho árduo, trará contentamento se sua única motivação for a de tornar a vida mais encantadora.

Podemos iniciar o diálogo com outra pessoa dizendo o que está vivo em nós e o que gostaríamos que ela fizesse para que nossa vida fosse ainda mais maravilhosa. Em seguida, independentemente de qual seja a reação da outra pessoa, tentamos nos conectar com o que está vivo nela e com o que faria a vida dela mais encantadora. E mantemos esse fluxo de comunicação até encontrarmos estratégias para atender às necessidades de todos; sempre tendo o cuidado de verificar se aquelas estratégias estão sendo escolhidas de livre e espontânea vontade com a intenção de contribuir para o bem-estar mútuo.

P: Você poderia dar outro exemplo de como usa este processo para se conectar aos outros?

R: Trabalhei num campo de refugiados em um país que não gosta muito dos Estados Unidos. Havia cerca de 170 pessoas reunidas no salão. Quando meu intérprete disse que eu era cidadão americano, um homem pulou da cadeira e gritou: "Assassino!". Fiquei feliz por saber usar a Comunicação Não Violenta naquele dia. Isto me permitiu ver a beleza por trás da mensagem daquela pessoa, enxergar o que estava vivo, o fator humano dentro dele. Na Comunicação Não Violenta realizamos isso ouvindo os sentimentos e necessidades por trás de qualquer mensagem. Portanto, respondi a esse senhor: "Você está sentindo raiva porque suas necessidades não estão sendo atendidas pelo meu país?". Para responder desta maneira, tive que tentar intuir quais eram seus sentimentos e necessidades. Eu poderia ter errado. Mas mesmo que nosso palpite não seja de todo acertado, se tentamos sinceramente nos conectar à Energia Divina dentro do outro ser humano (seus sentimentos e necessidades naquele momento), isto demonstra ao outro que, não importa como esteja se comunicando conosco, temos apreço pelo que está vivo dentro dele. E quando uma pessoa percebe isso, já é meio caminho andado para fazer uma conexão que permitirá que as necessidades de todos sejam atendidas. Mas isto não aconteceu de imediato porque este senhor estava em meio a grande sofrimento.

Por sorte, meu palpite estava correto, pois quando eu disse: "Você está sentindo raiva porque suas necessidades não estão sendo atendidas pelo meu país?", ele respondeu: "É isso mesmo", e acrescentou "Não temos sistema de esgoto. Não temos casas. Por que vocês nos enviam armas?". Eu respondi: "Então, senhor, se estou ouvindo corretamente, você está dizendo que é muito doloroso precisar de coisas como sistema de esgoto e casas e, em vez disso, receber armamento?". Ele disse: "É claro. Você sabe o que é viver nessas condições há 28 anos?".

"Você está dizendo que é muito doloroso e que gostaria que compreendêssemos como é viver nessas condições?"

Uma hora depois, este senhor me convidou para o jantar de Ramadã na casa dele.

Isto é o que acontece quando conseguimos nos conectar com o que está vivo em nós, com a humanidade do outro, os sentimentos e necessidades por trás de qualquer mensagem. Não significa que sempre precisamos dizer isso em voz alta. Às vezes os sentimentos e necessidades do outro são bem óbvios e não é preciso falar. Ao olhar nos nossos olhos o outro sentirá se estamos verdadeiramente tentando fazer a conexão. Reparem que não é necessário concordar com a outra pessoa. Não significa que precisamos gostar do que aquela pessoa está dizendo. Significa que entregamos ao outro o precioso dom da nossa presença, do estar presente neste momento ao que está vivo dentro dele, de nos interessarmos por aquilo, estarmos sinceramente curiosos – não como uma técnica psicológica, mas por querer entrar em contato com a Energia Divina daquela pessoa naquele momento.

P: O processo de entrar em contato com a Energia Divina nos outros através da CNV parece bem claro no papel, mas será que não é difícil viver segundo este princípio na vida real?

R: Quase todos que aprendem Comunicação Não Violenta dizem duas coisas a respeito do processo. Primeiro, que é muito fácil. Como pode ser mais simples? Bastam duas perguntas, e depois é só uma questão de manter a comunicação e o foco da nossa atenção naquilo que está vivo em nós e no que faria da nossa vida algo encantador. Simples assim!

A segunda coisa que as pessoas dizem é que é muito difícil. Como pode uma coisa tão simples ser ao mesmo tempo tão difícil?

É difícil porque não nos ensinaram a pensar no que está vivo em nós. Fomos educados para nos encaixarmos em estruturas onde uns poucos dominam a maioria. Aprendemos a prestar a máxima atenção ao que os outros (especialmente as autoridades) pensam de nós. Sabemos que seremos punidos se nos julgarem maus, errados, incompetentes, burros, preguiçosos ou egoístas. Se formos rotulados como crianças boas ou más, funcionários bons ou maus, podemos ser recompensados ou castigados. Portanto, não fomos educados em termos daquilo que está vivo em nós e o que faria nossa vida mais plena. A Comunicação Não Violenta sugere que convém permitir que as pessoas saibam o que está vivo dentro delas no tocante ao que estão fazendo naquele momento. Recomendamos a honestidade, mas sem utilizar palavras que sugiram erro, imagens de inimigo, críticas, insultos e diagnósticos psicológicos.

Muitos acham que isso é simplesmente impossível ao tratar com certas pessoas. Acham que há seres humanos tão perturbados, tão lesados que, não importa o tipo de comunicação que se utilize, é impossível chegar à conexão. Minha experiência não me levou a essa conclusão. Em alguns casos demora um pouco. Como quando trabalho nos presídios em várias partes do mundo. Não estou dizendo que a conexão acontece imediatamente. Pode demorar bastante tempo para uma pessoa que está sendo punida por um crime acreditar que estou sinceramente interessado no que vai no íntimo dela. Muitas vezes é difícil aceitar isso porque meu próprio condicionamento cultural não me permitiu adquirir essa habilidade natural na infância. Portanto, aprender esse processo pode ser um verdadeiro desafio.

P: Como conseguir que inimigos reconheçam o Divino um no outro?

R: Quando duas pessoas se conectam no nível da Energia Divina, é difícil sustentarem as imagens de inimigo. A Comunicação Não Violenta, na sua forma pura, é o modo mais potente e rápido que encontrei para conseguir que as pessoas abandonem mentalidades apartadas da Vida – que as fazem querer agredir umas às outras – e passem a desfrutar da companhia mútua.

Já coloquei duas pessoas "inimigas" cara a cara: um hutu e um tutsi. Um tinha assassinado a família do outro. É sur- preendente que em duas ou três horas tenhamos conseguido que eles passassem a cuidar um do outro. É inevitável. **Inevitável.** Por isso utilizo essa abordagem.

Dado o imenso sofrimento de ambas as partes, fico espantado com a simplicidade e a rapidez com que a conexão aconteceu. A Comunicação Não Violenta cura as pessoas que vivenciaram grande sofrimento em um tempo muito curto. Isto me motiva a querer acelerar o processo, pois ainda estamos trabalhando com poucas pessoas de cada vez, e nesse ritmo vai demorar muito.

Como fazer isso acontecer logo com os outros 800 mil hutus e tutsis que ainda não fizeram o nosso curso, e o resto do planeta? Gostaria de ver o que sucederia se fizéssemos filmes ou seriados de TV mostrando como funciona a CNV, pois sei que quando duas pessoas passam pelo processo com outros assistindo, os espectadores também aprendem, se curam e se reconciliam. Gostaria muito de explorar os meios de comunicação para que grandes grupos de pessoas passassem pelo processo juntas em um curto período de tempo.

P: Quão profunda é nossa necessidade de colaborar com os outros?

R: Acredito que a necessidade de contribuir para a Vida é uma das mais básicas e potentes da condição humana. Outra maneira de dizer isso é que precisamos agir a partir da Energia Divina em nós. E penso que, quando estamos vivendo essa Energia Divina, não há nada que seja mais delicioso, nada que nos dê maior alegria, do que contribuir para a Vida, usar nosso imenso poder para tornar a vida mais plena.

No entanto, sempre que estamos tentando atender essa nossa necessidade de "viver" a Energia Divina, procurando contribuir para a Vida, há também uma outra necessidade e um pedido que acompanha o primeiro. Queremos informação, e pedimos um retorno para a pessoa a quem fizemos alguma contribuição (para que sua vida fosse melhor). Desejamos saber se nossa intenção de contribuir foi realizada pelas nossas ações. Minha tentativa de contribuição atingiu seu objetivo?

Na nossa cultura este pedido é distorcido e se transforma num pensamento. Parece que "precisamos" que a outra pessoa nos ame em troca daquilo que fizemos, que aprecie o que fizemos, que nos aprove por causa do que fizemos. Isso distorce e destrói toda a beleza do processo. Na verdade, não é a aprovação do outro que precisávamos. Nosso objetivo era usar nossa energia para tornar a vida mais encantadora. Mas desejamos o retorno. Como saber se meu esforço funcionou se eu não tiver o retorno?

Posso utilizar esse retorno para descobrir se estou agindo a partir da Energia Divina. Sei que agi baseado na Energia Divina quando consigo valorizar uma crítica tanto quanto um agradecimento.

P: Você encontrou barreiras culturais ou de linguagem para esse processo?

R: Surpreende-me que sejam tão poucas. Quando resolvi ensinar esse processo em outro idioma, realmente duvidava que fosse possível. Lembro-me da primeira vez que fui para a Europa. A primeira escala era Munique e, depois, Genebra. Minha colega e eu duvidávamos que funcionasse em outra língua. Ela faria as palestras em francês e eu ficaria ao lado para o caso de ela precisar me perguntar alguma coisa se surgisse alguma dificuldade. Eu queria ao menos tentar descobrir se conseguiríamos passar a mensagem através de intérpretes. Mas tudo correu muito bem, sem nenhum problema, e depois vi que o mesmo aconteceu nos outros locais. Agora já não me preocupo. Eu falo em inglês e as pessoas traduzem, e funciona perfeitamente. Não consigo me lembrar de cultura alguma que tenha apresentado algum problema, salvo por pequenos detalhes, mas nada essencial. Não apenas jamais tivemos problemas, mas, repetidas vezes, depois de cursos ministrados no mundo inteiro, muitas pessoas me disseram que este processo é o que sua religião recomenda. É algo muito antigo, eles sabem, e ficam gratos por conhecer esse novo formato – mas não é novidade para eles.

P: Você acredita que uma prática espiritual é importante para praticar a não violência?

R: Em todos os meus seminários recomendo que as pessoas separem um tempo para pensar na seguinte pergunta: Como quero me conectar com outros seres humanos? Peço que reflitam com muita consciência a esse respeito. Isso é necessário para garantir que agirão por escolha própria, e não do modo que foram programados para fazer escolhas. Pense bem. Qual é o modo como você escolhe se conectar a outros seres humanos?

A gratidão também desempenha um papel da maior importância para mim. Se tomo consciência de um ato humano pelo qual quero agradecer, se estou consciente de como me senti quando aquilo aconteceu (seja algo que eu fiz ou algo que outra pessoa fez), se sei que necessidades minhas foram atendidas, então a gratidão me preenche com a consciência do poder que nós, seres humanos, temos para tornar a vida mais plena. Isto me faz ver que somos Energia Divina, que temos imenso poder para tornar a vida maravilhosa, e que não há nada que nos torne mais felizes.

Para mim, isto é uma prova da nossa Energia Divina: o fato de que temos este poder de tornar a vida maravilhosa e que não há nada que nos faça mais felizes. Por isso, parte da minha prática espiritual é tomar consciência da gratidão e expressar gratidão.

P: Você foi influenciado por movimentos sociais do passado que tentaram fazer a ponte entre a espiritualidade e a transformação social, como aqueles liderados por Gandhi e Martin Luther King?

R: Certamente fui afetado por eles, pois os estudei e vi que ao longo da história algumas pessoas conseguiram realizar grandes coisas de uma maneira que eu valorizo, e essas duas pessoas que você mencionou certamente fizeram isso. A espiritualidade que prezo é aquela em que se obtém grande alegria ao contribuir para a Vida, ao invés de apenas sentar e meditar, embora a meditação com certeza tenha muito valor. No entanto, depois de meditar, de adquirir consciência, gostaria que as pessoas entrassem em ação para criar o mundo onde gostariam de viver.

Leituras recomendadas

Gottlieb, Roger S. *A Spirituality of Resistance: Finding a Peaceful Heart & Protecting the Earth*. Chestnut Ridge, NY: Crossroad Publishing Company, 1999.

Lerner, Michael. *Spirit Matters*. Newburyport, MA: Hampton Roads Publishing, 2002.

Rokeach, Milton. *The Open and Closed Mind*. New York: Basic Books, 1973.

Wink, Walter. *The Powers That Be: Theology for a New Millennium*. New York: Harmony, 1999.

| Apêndice

OS QUATRO COMPONENTES DA CNV

Expressar, objetivamente, como **eu estou**, sem culpar ou criticar.

Receber, empaticamente, como **você está**, sem ouvir recriminações ou críticas.

OBSERVAÇÕES

1. O que eu observo (*vejo, ouço, lembro, imagino, livre de minhas avaliações*) que contribui, ou não, para o meu bem-estar:

   "*Quando eu (vejo, ouço, ...) ...*"

1. O que você observa (*vê, ouve, lembra, imagina, livre de suas avaliações*) que contribui, ou não, para o seu bem-estar:

   "*Quando você (vê, ouve, ...) ...*"

   (*Coisas que recebemos empaticamente, mesmo que não tenham sido ditas dessa forma.*)

SENTIMENTOS

2. Como eu me sinto (*emoção ou sensação em vez de pensamento*) em relação ao que observo:

   "*Eu me sinto ...*"

2. Como você se sente (*emoção ou sensação em vez de pensamento*) em relação ao que você observa:

   "*Você se sente ...*"

NECESSIDADES

3. De que eu preciso ou o que é importante para mim (*em vez de uma preferência ou de uma ação específica*) – a causa dos meus sentimentos:

   "*... porque eu preciso de / porque é importante para mim ...*"

3. De que você precisa ou o que é importante para você (*em vez de uma preferência ou de uma ação específica*) – a causa dos seus sentimentos:

   "*... porque você precisa de / porque é importante para você ...*"

Faço um pedido claro, sem exigir, de algo que enriqueceria **minha** vida.

Recebo empaticamente o seu pedido de algo que enriqueceria **sua** vida, sem ouvir como uma exigência.

PEDIDOS

4. As ações concretas que eu gostaria que ocorressem:

   "*Você estaria disposto/a ...?*"

4. As ações concretas que você gostaria que ocorressem:

   "*Você gostaria de ...?*"
   (*Coisas que recebemos empaticamente, mesmo que não tenham sido ditas dessa forma.*)

OUVIR FALAR

Apêndice |

LISTA DE ALGUNS SENTIMENTOS UNIVERSAIS

Sentimentos quando as necessidades estão atendidas:

- admirado
- agradecido
- aliviado
- animado
- comovido
- confiante
- confortável
- curioso
- emocionado
- esperançoso
- feliz
- inspirado
- motivado
- orgulhoso
- otimista
- realizado
- revigorado
- satisfeito
- seguro
- surpreso

Sentimentos quando as necessidades não estão atendidas:

- aborrecido
- aflito
- assoberbado
- confuso
- constrangido
- desanimado
- decepcionado
- desconfortável
- frustrado
- impaciente
- impotente
- intrigado
- irritado
- nervoso
- preocupado
- relutante
- sem esperança
- solitário
- triste
- zangado

LISTA DE ALGUMAS NECESSIDADES UNIVERSAIS

Autonomia
- escolher sonhos/propósitos/valores
- escolher planos para realizar os próprios sonhos, propósitos, valores

Bem-estar físico
- abrigo
- água
- ar
- comida
- descanso
- expressão sexual
- movimento, exercício
- proteção contra ameaças à vida: vírus, bactérias, insetos, animais predadores
- toque

Celebração
- celebrar a criação da vida e os sonhos realizados
- lamentar perdas: de entes queridos, sonhos etc. (luto)

Comunhão espiritual
- beleza
- harmonia
- inspiração
- ordem

Integridade
- autenticidade
- criatividade
- sentido
- valor próprio

Interdependência
- aceitação
- acolhimento
- amor
- apoio
- apreciação
- compreensão
- comunidade
- confiança
- consideração
- contribuição para o enriquecimento da vida
- empatia
- honestidade (a honestidade que nos permite tirar um aprendizado de nossas limitações)
- proximidade
- respeito
- segurança emocional

Lazer
- diversão
- riso

©CNVC. Para saber mais, visite www.cnvc.org.

SOBRE A COMUNICAÇÃO NÃO VIOLENTA

D o dormitório às altas esferas de decisão empresarial, da sala de aula à zona de guerra, a CNV está mudando vidas todos os dias. Ela oferece um método eficaz e de fácil compreensão que consegue chegar às raízes da violência e do sofrimento de um modo pacífico. Ao examinar as necessidades não atendidas por trás do que fazemos e dizemos, a CNV ajuda a reduzir hostilidades, curar a dor e fortalecer relacionamentos profissionais e pessoais. A CNV está sendo ensinada em empresas, escolas, prisões e centros de mediação no mundo todo. E está provocando mudanças culturais pois instituições, corporações e governos estão integrando a consciência própria da CNV às suas estruturas e abordagens de liderança.

A maioria tem fome de habilidades que melhorem a qualidade dos relacionamentos, aprofundem o sentido de empoderamento pessoal, ou mesmo contribuam para uma comunicação mais eficaz. É lamentável que tenhamos sido educados desde o nascimento para competir, julgar, exigir e diagnosticar – pensar e comunicar-se em termos do que está "certo" e "errado" nas pessoas. Na melhor das hipóteses, as formas habituais de falar atrapalham a comunicação e criam mal-entendidos e frustração. Pior, podem gerar raiva e dor, e levar à violência. Inadvertidamente, mesmo as pessoas com as melhores intenções acabam gerando conflitos desnecessários.

A CNV nos ajuda a perceber além da superfície e descobrir o que está vivo e é vital em nós, e como todas as nossas ações se baseiam em necessidades humanas que estamos tentando satisfazer. Aprendemos a desenvolver um vocabulário de sentimentos e necessidades que nos ajuda a expressar com mais clareza o que está acontecendo dentro de nós em qualquer momento. Ao compreender e reconhecer nossas necessidades, desenvolvemos uma base partilhada que permite relacionamentos muito mais satisfatórios.

Junte-se aos milhares de pessoas do mundo todo que aprimoraram seus relacionamentos e suas vidas por meio desse processo simples, porém revolucionário.

SOBRE O CENTER FOR NONVIOLENT COMMUNICATION

O CENTER for Nonviolent Communication (CNVC) é uma organização global que apoia o aprendizado e a partilha da Comunicação Não Violenta, e ajuda as pessoas a resolver conflitos de modo pacífico e eficaz no contexto individual, organizacional e político.

O CNVC é guardião da integridade do processo de CNV e um ponto de convergência para informação e recursos relacionados à CNV, inclusive treinamento, resolução de conflitos, projetos e serviços de consultoria organizacional. Sua missão é contribuir para relações humanas mais sustentáveis, compassivas e que apoiem a vida no âmbito da mudança pessoal, dos relacionamentos interpessoais e dos sistemas e estruturas sociais, tal como nos negócios, na economia, na educação, justiça, sistema de saúde e manutenção da paz. O trabalho de CNV está sendo realizado em 65 países e crescendo, tocando a vida de centenas de milhares de pessoas por todo o mundo.

Visite o site **www.cnvc.org** onde poderá saber mais sobre as atividades principais da organização:

- Programa de Certificação
- Treinamentos Intensivos Internacionais
- Promover Formação em CNV
- Patrocínio de projetos de mudança social através da CNV
- Criação ou ajuda na criação de materiais pedagógicos para ensinar CNV
- Distribuição e venda de materiais pedagógicos de CNV
- Promover ligações entre o público em geral e a comunidade de CNV

The Center for Nonviolent Communication
1401 Lavaca St. #873. Austin, TX 78701-1634 USA.
Tel: 1 (505) 244-4041 | Fax: 1 (505) 247-0414

SOBRE O AUTOR

MARSHALL B. Rosenberg, Ph.D., fundou e foi diretor de serviços educacionais do Center for Nonviolent Communication – CNVC, uma organização internacional de construção de paz. Além deste livro, é autor do clássico *Comunicação Não Violenta* e de muitas obras sobre este tema. Marshall foi agraciado com o Bridge of Peace Award da Global Village Foundation em 2006, e com o prêmio Light of God Expressing Award da Association of Unity Churches International no mesmo ano.

Tendo crescido num bairro violento de Detroit, Marshall interessou-se vivamente por novas formas de comunicação que pudessem oferecer alternativas pacíficas às agressões que ele presenciou. Esse interesse motivou seus estudos até o doutorado em Psicologia Clínica da University of Wisconsin em 1961, onde foi aluno de Carl Rogers. Estudos e vivências posteriores no campo da religião comparada o motivaram a desenvolver o processo de Comunicação Não Violenta.

Marshall aplicou o processo de CNV pela primeira vez em um projeto federal de integração escolar durante os anos 1960 com a finalidade de oferecer mediação e treinamento em habilidades de comunicação. Em 1984 fundou o CNVC, que hoje conta com mais de 200 professores de CNV afiliados, em 35 países do mundo inteiro.

Com violão e fantoches nas mãos, e um histórico de viagens a alguns dos lugares mais violentos do planeta, dotado de grande energia espiritual, Marshall nos mostrou como criar um mundo mais pacífico e satisfatório.

OUTRAS OBRAS DO AUTOR

A LINGUAGEM DA PAZ EM UM MUNDO DE CONFLITOS
Sua próxima fala mudará o mundo

"A cada interação, conversa e pensamento, nos vemos diante de uma escolha: promover a paz ou perpetuar a violência."

O mediador internacional, pacificador e terapeuta Dr. **Marshall B. Rosenberg** mostra de que maneira a linguagem que usamos é a chave para **tornar a vida mais plena.** Podemos dar o primeiro passo para reduzir a violência, curar o sofrimento, resolver conflitos e fazer aflorar o entendimento mútuo – basta que a consciência interna de paz crie raízes na linguagem que utilizamos no cotidiano.

A Linguagem da Paz é um **livro de histórias inspiradoras, aprendizado e ideias** buriladas ao longo de mais de 40 anos mediando conflitos e curando relacionamentos em alguns dos locais mais empobrecidos, violentos e devastados pela guerra. Esta obra oferece habilidades práticas e poderosas ferramentas que mudarão para melhor seus relacionamentos e abrirão novas perspectivas de compreensão da realidade.

Como primeiro passo em direção à mudança pessoal, profissional e social, conecte-se com o que está vivo dentro de você. Conheça a dinâmica da **Comunicação Não Violenta;** da resolução eficaz de conflitos; da transformação social e das estruturas autoritárias. Vislumbre o fim do terrorismo. Expresse e receba gratidão.

SUPERANDO A DOR ENTRE NÓS

A Comunicação Não Violenta tem um imenso potencial de cura. Neste livro, Marshall Rosenberg demonstra como transformar a dor emocional, a depressão, a vergonha e o conflito em conexões que levam ao empoderamento.

A dor emocional é uma manifestação de necessidades não atendidas. E a CNV oferece etapas simples a fim de criar a presença autêntica que é essencial para nos reconectarmos com nossas necessidades e nos restabelecermos plenamente. Aprenda como transformar relacionamentos, encontrar reconciliação e superar as mágoas pela adoção de uma comunicação honesta e clara.

Através de encenações com participantes de seus seminários, e exemplos do dia a dia, Rosenberg demonstra os pontos-chave para resolver conflitos e minimizar o sofrimento sem fazer concessões. Este processo é uma ferramenta prática e eficaz para indivíduos, profissionais de saúde mental, mediadores, famílias e casais.

"Marshall Rosenberg nos oferece as ferramentas mais eficazes para fomentar saúde e bons relacionamentos. A Comunicação Não Violenta é o elemento que estava faltando aos nossos esforços por um mundo melhor." – Deepak Chopra

Dr. Marshall Rosenberg fundou e foi diretor educacional do Center for Nonviolent Communication. Ele viajou pelo mundo todo mediando conflitos e promovendo a paz.

AMO VOCÊ SENDO QUEM SOU

O amor é algo que se "faz". A maioria pensa que o amor é uma forte emoção, um sentimento que nutrimos por outra pessoa. A **Comunicação Não Violenta**, criada pelo Dr. Marshall Rosenberg, nos ajuda a adotar uma abordagem totalmente diferente em relação ao amor, uma que enriquece a vida. O **amor é algo que "fazemos"**, algo que entregamos a alguém livremente e de coração. Aprenda a se **expressar de modo franco e sincero** diante da pessoa amada, de amigos ou familiares. O propósito não é outro senão o de revelar aquilo que está vivo ou presente dentro de você. Descubra o que centenas de pessoas por todo o mundo já sabem: uma conexão de coração para coração, fortalecida pelo ato livre e jubiloso de dar e receber a partir do coração, é o amor que todos queremos viver.

Nestas páginas inspiradoras, Rosenberg nos ajuda a aprender como dar e **receber amor livremente, sem culpa ou obrigação**. Descubra o dom de se conectar àquilo que está presente e vivo dentro dos outros, e receber com empatia, focando apenas aquilo que expressaram e desejam. Desenvolva relacionamentos em que você não é obrigado a provar o seu afeto em forma de atenção, elogios ou gestos físicos. Este dar e receber é uma manifestação autêntica e prazerosa de amor muito mais profundo que qualquer sentimento transitório.

Este livro o ajudará a:
- livrar-se do fardo de provar o seu amor e exigir provas do amor do outro;
- não fazer as coisas por culpa, ressentimento, vergonha ou obrigação;
- aprender a expressar eficazmente seus sentimentos e necessidades, bem como compreender os dos outros.

JUNTOS PODEMOS RESOLVER ESSA BRIGA
Paz e poder na resolução de conflitos

Ao longo de mais de quarenta anos de mediação de conflitos – entre casais, pais e filhos, gerentes e colaboradores, polícia e comunidades e grupos guerrilheiros em várias partes do mundo – Marshall Rosenberg aprendeu que é possível resolver conflitos pacificamente de modo que todos saiam satisfeitos. Ao utilizar o poderoso método da Comunicação Não Violenta – que não se trata de fazer concessões – é possível criar uma conexão humana marcada por cuidado e respeito mútuo entre as partes do conflito.

A maioria de nós carece do vocabulário para expressar o que sentimos e precisamos, e isto nos leva a apontar um dedo acusador para os outros como "causa" de nosso sofrimento. Quando as pessoas sentem que seus sentimentos e necessidades são valorizados, quando são escutadas, isto imediatamente ajuda a reduzir a tensão e a hostilidade, abrindo caminho para a resolução pacífica da disputa. A Comunicação Não Violenta inspira cooperação genuína pois se concentra nas necessidades desatendidas por trás do conflito. Seja você um mediador profissional ou uma pessoa que deseja resolver um conflito com seu cônjuge, filho ou colega de trabalho, a Comunicação Não Violenta oferece um método prático e acessível para chegar ao cerne da questão.

A Comunicação Não Violenta o ajudará a:
- encontrar soluções mutuamente satisfatórias para o conflito;
- ver a humanidade daqueles com quem você discorda;
- abandonar as imagens de "inimigo" e julgamentos moralistas que muitas vezes geram conflitos;
- fomentar o respeito e a cooperação através do foco em necessidades desatendidas que estão na raiz do conflito;

- prevenir conflitos futuros através de pedidos claros quanto a ações futuras;
- desenvolver relacionamentos profissionais e pessoais baseados em respeito mútuo, compaixão e cooperação.

"A Comunicação Não Violenta é uma metodologia simples porém poderosa para se comunicar de modo a atender às necessidades das duas partes. Este é um dos livros mais úteis que você lerá na vida."

– WILLIAM URY

CRIAR FILHOS COMPASSIVAMENTE
Maternagem e paternagem na perspectiva da Comunicação Não Violenta

Se você procura maneiras de melhorar a dinâmica familiar, saiba que não está sozinho. Este livro prático e eficaz oferece as estratégias e perspectivas da Comunicação Não Violenta. Enquanto outras abordagens sugerem recursos e modelos para comunicação e técnicas disciplinares, a CNV enfatiza a importância de estabelecer em primeiro lugar uma conexão empática. Uma educação compassiva pode ajudar a criar dinâmicas familiares de respeito e crescimento mútuo, permeadas por comunicação sincera e clara. *Criar filhos compassivamente* é um material excepcional para pais, educadores, famílias, terapeutas e para todos que trabalham com crianças. Marshall Rosenberg ensinou CNV ao longo de mais de 40 anos. Pais e mães, famílias, crianças e professores têm se valido de seus conselhos para aprofundar os vínculos no próprio lar, superar conflitos e melhorar a comunicação. Sua abordagem revolucionária nos ajuda a motivar crianças sem recorrer a ameaças de punição ou promessas de recompensa. Aprenda como ser um modelo de comunicação compassiva em casa a fim de auxiliar seus filhos a resolverem conflitos e se expressarem com clareza.

A CNV permitirá que você:
- motive sem ameaça de punição ou promessa de recompensa;
- escute de modo que os outros realmente sejam ouvidos;
- fortaleça seu vínculo emocional com companheiro/a e filhos;
- escute as necessidades por trás do que os outros dizem ou fazem;
- mantenha a conexão com seus valores durante qualquer interação;
- reduza conflitos familiares e rivalidade entre irmãos.

O SURPREENDENTE PROPÓSITO DA RAIVA

Indo além do controle para encontrar a função vital da raiva

O que a sua raiva está tentando lhe dizer?

Você sente quando ela bate. Seu rosto fica vermelho e sua visão focaliza o objeto do descontentamento. O ritmo cardíaco aumenta e pensamentos julgadores inundam sua mente. A raiva foi deflagrada e você está prestes a dizer algo que provavelmente vai piorar a situação.

Existe uma alternativa. A Comunicação Não Violenta nos ensina que a raiva serve a um propósito específico, que enriquece a vida. É um sinal de alerta mostrando que você se desligou de coisas valiosas para você, e que suas necessidades não estão sendo atendidas. Ao invés de lidar com a raiva reprimindo sentimentos ou agredindo alguém com seus julgamentos, Marshall Rosenberg mostra como usar a raiva para descobrir o que você precisa e como atender suas necessidades de modo construtivo.

Este livro ajudará você a se tornar mais consciente de quatro verdades importantes:
- Pessoas e acontecimentos podem ser o gatilho da sua raiva, mas seus pensamentos são a causa.
- Julgar que os outros estão "errados" nos impede de fazer a conexão com nossas necessidades não atendidas.
- Ter uma visão clara de nossas necessidades nos ajuda a identificar soluções satisfatórias para todos.
- Criar estratégias focadas no atendimento de nossas necessidades transforma a raiva em ações positivas.

A Comunicação Não Violenta é um processo que tem o poder de inspirar conexão e ação compassivas. O aprendizado da CNV pode ajudar a facilitar a comunicação e prevenir conflitos pois ajuda a atender às necessidades de todos. Este processo prático e comprovadamente eficaz funciona igualmente bem nos campos da educação, dos negócios, assistência social, política e também nas famílias e relacionamentos pessoais.

O CORAÇÃO DA TRANSFORMAÇÃO SOCIAL
Como fazer a diferença no seu mundo

A transformação social começa em mim.

Nesta obra da maior relevância para os tempos atuais, Marshall Rosenberg delineia sua nova teoria de transformação social. Rosenberg complementa a visão de Mahatma Gandhi e Martin Luther King Jr., pois coloca nosso foco em criar uma cultura interna de paz utilizando o poderoso processo da Comunicação Não Violenta. A transformação sempre começa em mim, desde a maneira como me comunico, passando pela intenção que levo a cada interação, até o apoio que dou às estruturas organizacionais. Este é um ótimo texto para ativistas, líderes comunitários ou qualquer pessoa que deseje fazer a diferença em seu mundo.

Ele mostra como superar as imagens de inimigo e passar a fundamentar seu ativismo no desejo de servir à Vida. Neste livro o autor oferece sugestões práticas para diferenciar entre as necessidades humanas básicas que desejamos atender e as estratégias que utilizamos para atendê-las. Por outro lado, ele nos leva a aprofundar nossa conexão com os valores que motivam nosso engajamento nas causas sociais.

No prelo
EDUCAÇÃO PARA UMA VIDA MAIS PLENA

Comunicação Não Violenta – ajudando escolas a melhorar o desempenho acadêmico dos alunos, reduzir conflitos e fortalecer bons relacionamentos.

EDUCAÇÃO INFANTIL COMPASSIVA

Comunicação Não Violenta – como a mútua compreensão pode beneficiar alunos e professores.

Texto composto em Palatino LT Std.
Impresso em papel Pólen Soft 80g na Cromosete.